BEI GRIN MACHT SICH IHR WISSEN BEZAHLT

- Wir veröffentlichen Ihre Hausarbeit, Bachelor- und Masterarbeit

- Ihr eigenes eBook und Buch - weltweit in allen wichtigen Shops

- Verdienen Sie an jedem Verkauf

Jetzt bei www.GRIN.com hochladen und kostenlos publizieren

Cedric Fritsch, Benedikt Berger

Das Feature in Zeitung, Radio und TV

GRIN Verlag

Bibliografische Information der Deutschen Nationalbibliothek:

Die Deutsche Bibliothek verzeichnet diese Publikation in der Deutschen National-
bibliografie; detaillierte bibliografische Daten sind im Internet über http://dnb.d-
nb.de/ abrufbar.

Impressum:

Copyright © 2014 GRIN Verlag GmbH
Druck und Bindung: Books on Demand GmbH, Norderstedt Germany
ISBN: 978-3-656-61173-8

Dieses Buch bei GRIN:

http://www.grin.com/de/e-book/270285/das-feature-in-zeitung-radio-und-tv

GRIN - Your knowledge has value

Der GRIN Verlag publiziert seit 1998 wissenschaftliche Arbeiten von Studenten, Hochschullehrern und anderen Akademikern als eBook und gedrucktes Buch. Die Verlagswebsite www.grin.com ist die ideale Plattform zur Veröffentlichung von Hausarbeiten, Abschlussarbeiten, wissenschaftlichen Aufsätzen, Dissertationen und Fachbüchern.

Besuchen Sie uns im Internet:

http://www.grin.com/

http://www.facebook.com/grincom

http://www.twitter.com/grin_com

Paris-Lodron-Universität Salzburg
Fachbereich Kommunikationswissenschaft
Proseminar: Journalistische Arbeitsweisen
Lv-Nr: 641.039
Wintersemester 2013/2014

Seminararbeit zum Thema:

Das Feature in Zeitung, Radio und TV

Benedikt Berger   Cedric Fritsch

Mit bestem Dank an die Online-Redaktionen
der Radio-Sender NDR, SWR2, MDR
und der gesamten ARD.

Abkürzungsverzeichnis

- ARD: Arbeitsgemeinschaft Rundfunk Deutschland

- ebd.: ebendiese/r

- MDR: Mitteldeutscher Rundfunk

- NDR: Norddeutscher Rundfunk

- o.J.: ohne Jahr

- o.S.: ohne Seite

- O-Ton: Original-Ton

- SWR: Südwestrundfunk

- TV: Television (Fernsehen)

Inhaltsverzeichnis

1. Einleitung

Sie sitzen im Foyer der Uni und blicken angestrengt auf die leeren Blätter, die vor ihnen liegen. Ab und zu das Klicken des Kugelschreibers, ein Reiben über die Augen und das grüblerische Kratzen der Drei-Tages-Bärte. Die Ratlosigkeit steht ihnen ins Gesicht geschrieben. Wie sollen sie diese Aufgabe nur bewältigen?

Cedric Fritsch und Benedikt Berger sitzen da noch eine ganze Zeit lang und überlegen, wie sie die Einleitung für ihre wissenschaftliche Arbeit schreiben sollen. Feature lautet das Thema. Diese schillernde journalistische Darstellungsform, über die sie einen ausführlichen Überblick liefern wollen. Während die Informationen und die Theorie über das Feature schon zusammengetragen sind, gestaltet sich der Einstieg als schwieriger. Wie soll man bei einem Thema zur wohl künstlerischsten Form des Journalismus beginnen? „Ich hab's!", stieß plötzlich einer der beiden hervor. „Was würde sich besser eignen für die Einleitung eines Features, als einen Feature-Einstieg selbst zu machen? Dazu veranschaulichen wir das Ganze noch mit Einstiegen von berühmten Features!". Endlich, der Durchbruch. Eine kreative Einleitung und sogleich eine Beschreibung für ein Feature, es war fast schon geschrieben. „Ausgezeichnet, welche Einstiege sollen wir zitieren? Nehmen wir einen bekannten Radio-Feature-Autor, wie Peter von Zahn, Axel Eggebrecht oder Ernst Schnabel, die die Hauptautoren der Nachkriegszeit waren?" (vgl. Zindel/Rein 1997: 26). „Oder nehmen wir ein Feature aus der heutigen Zeit? Vielleicht eines aus einer Zeitung, wo sie am meisten vorkommen?". Kurzes Grübeln. „Warum nicht beides?"

Nach reichlicher Recherche im Internet, in dem man nur Manuskripte zu aktuellen Sendungen findet, fiel den Beiden auch etwas anderes auf: Das Feature ist eine Seltenheit, nicht nur wenig Literatur, nein auch wenig mediale Verbreitung, wenige Manuskripten zu Sendungen, wenig Präsenz. „Vielleicht liegt es einfach daran, dass die RezipientInnen heutzutage den Begriff als journalistische Darstellungsform gar nicht kennen. Er wird größtenteils nur für andere Sachen verwendet, wie beispielsweise technische Merkmale. In TV und Presse sind Features auch nicht als solches gekennzeichnet und im Hörfunk kommen sie meist spätabends. Die Massen wissen nicht einmal um die Existenz dieser Beitragsform", überlegen sie.

Sie schreiben die halbe ARD an, um an verschiedene Manuskripte zu kommen. Während die aktuellen Manuskripte kein Problem sind, lassen die Älteren, Wichtigen noch auf sich warten.

Wiederlegend für obige Überlegung spricht die Einzigartigkeit von Features, wie die lebendige Sprache, die sonst, außer in der Reportage, nicht wirklich vorkommt. Für diese Theorie steht allerdings, dass die Entstehung eines Features extrem aufwendig ist, was Zeit und Geld betrifft und diese daher sehr selten geworden sind.

Zuerst meldet sich der MDR und schickt das Manuskript von ‚Hallo Erde, hier ist der Mond', dessen Autor Friedrich Schütze-Quest 2012 den Axel-Eggebrecht-Preis für sein Lebenswerk erhalten hat (vgl. leipziger-medienstiftung.de 2012: o.S.). Dieses Feature beginnt mit dem Countdown von Apollo 17, als diese ihren Flug zum Mond gestartet hat. Dann unter diesem Countdown steigt der Erzähler ein:

„Für den Start zum Mond -- dem kühnsten und ehrgeizigsten Unternehmen in der Geschichte der Menschheit -- wurde eine Rakete gebraucht, wie sie nie zuvor - und bis auf den heutigen Tag nie wieder - gebaut worden ist: eine Rakete mit der Gewalt einer Atombombe.. die beim Start in einer einzigen Sekunde so viel Treibstoff verbraucht wie zehn Autos in einem Jahr, die mit ihrer Kraft ein Gewicht wie hundert voll beladene LKW's hob. Die die Raumkapsel mit drei Astronauten mit der Geschwindigkeit einer Gewehrkugel katapultierte. Saturn V heißt die Rakete" (Schütze-Quest 1997: o.S.).

Einige Tage danach kommt auch eine E-Mail vom Unternehmens-Archiv des NDR, die das Manuskript eines der berühmtesten Features enthält. ‚Was wäre, wenn...' ist ein Hörspiel von Axel Eggebrecht, das 1947 ausgestrahlt wurde. Jener Axel Eggebrecht, der schon oben erwähnt ist und in dessen Namen heutzutage die besten Feature-Autoren geehrt werden. Das Hörspiel gilt als erstes Radio-Feature der Nachkriegszeit (vgl. Chronik der ARD 2014: o.s.). Hier handelt es sich um eine Zukunftsvision in Hinsicht auf Europa und die Konvergenz sowie politische Zusammenarbeit der europäischen Länder. Das Feature beginnt mit einem Fanfarenstoß, dann steigt laut Manuskript ein Reporter aus dem Jahre 2047 ein, also genau ein Jahrhundert danach, der die Rolle des Erzählers inne hat (vgl. Eggebrecht 1947: o.S.):

„Hier Bildsprecher Mallcek. Guten Morgen! Sie stehen mit mir auf dem Hradschin, der uralten Burg von Prag. Wir blicken über die Goldene Stadt. Dort – am Horizont – die mächtige Silhouette des Jahrtausend-Turmes. Bekanntlich wurde er vor siebenund-vierzig Jahren eingeweiht, im Jahre 2000. Mit seinen fünfhundert Metern noch immer das höchste Gebäude der Alten Welt. In den obersten Geschossen befindet sich die

Fernsehzentrale Mitteleuropa, von der aus auch diese Darbietung ausgestrahlt wird"
(Eggebrecht 1947: o.S.)

,Was wäre, wenn...' ist ein fiktives Hörspiel, in dem es zwar auch um reale Personen geht, diese jedoch ihren Text nicht selbst gesprochen haben. Der Untertitel heißt „Ein Rückblick auf die Zukunft der Welt" und zeigt schon, dass es hier um Vorgänge geht, die in der Vergangenheit geschehen sind und zu der Situation geführt haben, die im Feature beschrieben wird. Konkret geht es dem Mitbegründer des NDR, der das Hörspiel am Abend vor der Moskauer Konferenz spielt, um die Utopie einer Weltregierung ohne nationale Grenzen (vgl. spiegel.de 2014: o.S.).
Dass die künstlerische Form heute immer noch beliebt ist, auch in der Zeitung, zeigt Andreas Spenglers Feature „Im Hörsaal ohne etwas zu hören", das in der Zeit Online erschienen ist, folgendermaßen:

> „Der Professor wackelt mit dem Schnauzbart. Die Oberlippe hebt sich. Plötzlich
> schnellt die Zunge über die Zähne, die Mundwinkel spannen sich. Oberlippe und
> Unterlippe fallen aufeinander, der Schnauzbart wackelt noch einmal. Das war's. In
> diesen Momenten verflucht Malu Schnauzbärte. Wieder einmal hat sie ein Wort nicht
> von den Lippen lesen können. War das vor nun ein L oder ein N? Der Professor ist einer
> von denen, die ihr das Leben schwer machen: die Bartträger, die Nuschler, die
> Flüsterer" (Spengler 2013: 1).

Es folgt ein ausgiebiges Porträt einer Gehörlosen und die Darstellung der Probleme ihres Uni-Alltags. Sieht man sich nun die Kommentare an, stößt die Protagonistin auf viel Zuspruch, ein Zeichen, dass sie im Text sympathisch erscheint und auch der Text von Spengler an sich wird als „sehr schön" (zeit.de 2013: o.S) bezeichnet. Das bekräftigt die Behauptung, dass das Feature nicht ,out' ist und die Sprache, die verwendet wird, und die Informationen, die vermittelt werden, einige Empathie hervorruft.
Benedikt und Cedric erkennen anhand ihrer Überlegungen die Wichtigkeit dieser Darstellungsform, die in den heutigen Medien eine Sonderstellung einnimmt und durchaus in der nüchternen Informationsflut etwas Besonderes darstellt. Die am Anfang schwierig scheinende Aufgabe hat nun eine Form bekommen. Unter dem Klicken der

Kugelschreiber und unter Überlegungen, die sich im grüblerischen Kratzen der 3-Tage-Bärte zeigen, füllen sich die leeren Blätter vor ihnen.

Dieses Feature ist nun nicht gerade druckreif, aber es liefert einen kleinen Überblick und hoffentlich auch einen Leseanreiz für die folgende Darstellung des Features und seinen Formen in den unterschiedlichen Medien. Das Thema ist zwar hier kontextgebunden und beschreibt keine allgemeine Lebenssituation, jedoch ist es vielleicht gerade für eine sonst sehr trockene wissenschaftliche Proseminararbeit sehr passend. So soll der Einstieg in die fremde Darstellungsform erleichtert werden und schon einmal ein Vorgeschmack gegeben werden, wie denn nun eigentlich ein Feature in der Praxis aussieht.

2.   Definition des Begriffs Feature

Sucht man nach der Übersetzung des englischen Wortes feature, oder to feature, so sieht man, dass das Wort mehrere Bedeutungen hat. Als Nomen sind die Häufigsten: Merkmal, Eigenschaft und Besonderheit (vgl. dict.cc 2013: o.S.). Es beschreibt also etwas Herausstechendes, etwas Ungewöhnliches, einen wesentlichen Zug von etwas, das eine gewisse Wichtigkeit besitzt. Das Verb to feature wird mit zeigen, aufweisen, etwas darbieten oder etwas in den Vordergrund stellen erklärt (vgl. dict.cc 2013: o.S.). Es wird etwas Bestimmtes hervorgehoben und aufgezeigt, wie etwa eine Information, bestimmtes Wissen oder Ähnliches. Das Wort selbst zeigt also schon in die Richtung der journalistischen Darstellungsform des Features. Dieses wird im Folgenden erläutert und mit Definitionen von verschiedenen Quellen belegt. Die Merkmale eines Features werden – zuerst relativ allgemein, dann spezifisch zu den einzelnen Formen in den verschiedenen Medien – beschrieben.

Zuerst führen wir eine sehr zeitnahe Definition an. Im achten Band der Journalismus Bibliothek des Herbert von Halem Verlags, der den Titel „Medien" trägt, findet sich eine Definition für das Feature von Christian Meier und Stephan Weichert:

> „Das Feature ist, vereinfacht gesagt, ein mit Zitaten, atmosphärischen Beschreibungen und persönlichen Eindrücken der Autoren versehener Bericht. Überall dort, wo eine ausgewachsene Reportage nicht möglich ist, verschiedene reportagetypische Stilmittel aber eingesetzt werden sollen, ist ein Feature eine sinnvolle Alternative. Im

Medienjournalismus finden sich Features vor allem auf Medienseiten von Tageszeitungen. Hier ist der Platz begrenzt, dennoch sollen die Themen zumindest 'angefeatured' werden. Ein typischer, aber nicht besonders origineller Feature-Einstieg könnte lauten: ‚Chefredakteur Hoffmann wirft ein Stück Würfelzucker in seinen Kaffee und schaut nachdenklich'" (2012: 44).

Diese Definition zeigt eher Merkmale eines Features, wie etwa die Sprache und die persönlichen Eindrücke des Autors, die Funktion wird hier nicht angeführt. Auch muss man die Aussage beschränken, dass ein Feature nur gemacht wird, wenn eine Reportage nicht möglich ist. Der hier genannte Einleitungssatz eines Features ist zwar literarisch angehaucht, aber wie beschrieben nicht sehr originell. Er zeigt und verweist allerdings deutlich auf die Darstellungsform des Features, das eben mit einem unüblichen Einstieg beginnt, der ähnlich wie der einer Kurzgeschichte oder Prosa ist und theoretisch auch Solches einleiten könnte. Dies kommt von dem narrativen Schreib-/Sprachstil, den das Feature im Idealfall hat. Es geht darum, eine Situation im Kopf der RezipientInnen zu verbildlichen, die dann nach und nach das zu Vermittelnde zeigt und den Leser/die Leserin so in ein Thema einführt. Des Weiteren wird hier von einem Bericht ausgegangen, der mit zusätzlichen Merkmalen erweitert und angepasst ist - dies ist, wie folgende Definitionen zeigen werden, nicht der Fall. Das Feature ist eine eigene journalistische Darstellungsform, auch wenn Elemente aus anderen Darstellungsformen wie Reportage und Dokumentation vermischt werden (vgl. La Roche 2004 : 146). Es ist eine geeignete Form abstrakte und schwierige Themen zu behandeln (vgl. Ruß-Mohl 2003: 70). In seinem Werk Einführung in den praktischen Journalismus nennt La Roche die wohl wichtigsten Aspekte, um das Feature erschöpfend zu definieren. Zum einen zitiert er Udo Flade, der sagt, ein Feature-Schreiber „rückt auch den abstrakten Themen zu Leibe, durchleuchtet sie, löst sie in Handlung und Bilder auf und ersetzt den aufklärenden Ansatz" (1963: 112), was zum Ziel hat, dass ein schwieriges Thema so aufbereitet wird, dass es allgemein verständlich ist und der Sachverhalt jedem und jeder vermittelt werden kann. Zum anderen nennt er eines der wichtigsten Merkmale eines guten Features. Demnach besteht „ständiger Wechsel zwischen *Anschauung* und *Abstraktion*, zwischen *Schilderung* und *Schlussfolgerung*" (La Roche 2004 : 146). Dies bezieht sich vor allem auf die Sprache, aber hebt auch das Ziel eines Features hervor, etwas Abstraktes für die breite Masse zu veranschaulichen, beziehungsweise das

Beschriebene zu verallgemeinern. Der Reporter berichtet also einerseits was er wahrnimmt und versucht andererseits das Geschehen einzuordnen und zu interpretieren (vgl Ruß-Mohl 2003: 70). Somit dienen für La Roche alle Stories und Zitate zur „Illustration einer Analyse" (2004 :148), welche „das eigentliche Gerüst des Beitrags bildet" (ebd.: 148). Das Wort Analyse zeigt hier erneut, dass es sich um schwierige Themen handelt, die möglicherweise viel Vorwissen verlangen und auch Wissen generieren oder aber extrem komplex sind. In einen direkten Zusammenhang könnte man deswegen Michael Klemms Aussage bringen, die das Ziel eines Features beschreibt, nämlich „schwierige Themen popularisieren (bis hin zum „Infotainment"), das heißt: erklären, interpretieren und zum Weiterdenken anregen." (o.J.: 2). Dessen Definition sieht allerdings etwas anders aus: „Sinnvoll ist es, das Feature funktional zu definieren: Feature ist ein Sammelbegriff für Verfahren, mit denen ein komplexes, abstraktes oder trockenes Thema durch sprachliche Effekte belebt und den Lesern nähergebracht werden kann" (o.J.: 2). Diese Definition ist nur dahingehend zu kritisieren, das die Belebung hier im Vordergrund steht, jene erfolgt aber nur, damit das Thema verständlicher ist. Mit trocken meint er hier einen Sachverhalt, der viel Wissen fordert oder wissenschaftlich (angehaucht) ist. Man darf aber nicht vergessen, dass das Thema trotzdem noch wichtig genug sein muss, um den Aufwand eines Features zu rechtfertigen. Als letzte Definition werden die Gedanken zum Feature von Wolf Schneider und Paul-Josef Raue im neuen Handbuch für Journalismus aufgeführt. Sie sagen, das Feature „ist ein schillerndes Allerweltswort für interessante, lebendig geschriebene Texte oder munter gestaltete Sendungen" (2006: 109). Somit ist das Feature nicht an den strikten Aufbau und die Sprache einer Nachricht gebunden, sondern berichtet wie die Nachricht ausschließlich über Tatsachen (vgl. Schneider/Raue 2006: 109) und wird hier auch als „leichter Lesestoff" (Schneider/Raue 2006: 111) bezeichnet. Der neue Aspekt, der hier obige Definitionen ergänzt, ist, dass es sich bei den Inhalten des Features um Fakten handelt, also Sachverhalte die bestehen oder passieren.

Nachdem nun ausführlich beschrieben wurde, was ein Feature ist und wozu es dient, wird im Folgenden auf die Merkmale eines Features eingegangen. Erich Straßner ordnet das Feature dem Infotainment zu (vgl. 2000: 51). Die Aufbereitung wird mit Geräuschen, Musik und Texten gemacht (vgl. Straßner 2000: 51) sowie mit allen anderen technischen und künstlerischen Mittel des Hörfunks (vgl. Straßner 2000: 55). Sie dienen „der Aktivierung des Hörers" (Straßner 2000: 51) beziehungsweise Lesers –

Straßner bezieht sich in erster Linie auf Rundfunkfeatures, wo das Feature seine Anfänge hatte. Somit wirkt hier nicht die Sprache allein, denn das Feature ist eher ein „'akustischer Film' durch Montagen und Originaltöne" (Straßner 2000: 55). Die Informationen, die das Feature beinhaltet, haben einen Nutzwert, der Wissen und Argumente für den Alltagsdialog liefert, zum Beispiel bei wissenschaftlichen Auseinandersetzungen (vgl. Straßner 2000: 55). Neben der Aufbereitung, die meist dokumentarisch oder analytisch ist (vgl. Straßner 2000: 51), ist das Feature oft kritisch und immer literarisch. Das heißt es wird eine Geschichte um die zu vermittelnden Informationen aufgebaut (vgl. Straßner 2000: 52). Vor allem beim Radio-Feature ist der Erzähler extrem wichtig. Er führt das Voranschreiten der Handlung an, sein Sprachstil ist knapp, präzise und subjektiv und wirkt zusätzlich stimulierend und emotionalisierend auf den Hörer (vgl. Straßner 2000: 55). Der Erzähler informiert über Ort, Zeit und das Geschehen (vgl. ebd.: 55). Beim Fernsehen und insbesondere in der Presse gestaltet sich das Feature schwieriger als beim Radio. Hier muss der Autor „stets Elemente anderer publizistischer Textformen miteinander kombinieren, Reportage- mit Interview-, Informations- und Kommentarelementen. Wichtig ist der rasche Wechsel, die Zuspitzung auf Kerneindrücke und -aussagen" (ebd.: 55). Dies lässt auch erkennen, dass das Feature in Reinform größtenteils nur im Radio zu finden ist. Eine dies unterstützende Aussage findet man bei Michael Klemm. Er sagt, dass es in der journalistischen Praxis Usus ist, Berichte zu 'verfeaturen' oder 'anzufeaturen' (von ‚to feature a story': einem Zeitungsartikel einen attraktiven Akzent geben) (vgl. Klemm o.J.: 2). Damit meint er, dass Merkmale eines Features, etwa der Sprachstil, in Berichten benutzt werden. Dies macht es auch schwierig eine klare Abgrenzung zwischen den journalistischen Darstellungsformen Bericht, Interview, Reportage, Kommentar und Feature zu ziehen, da grundsätzlich alles 'angefeatured' werden kann und Elemente der anderen Darstellungsformen auch im Feature vorkommen. Vor allem zwischen Reportage und Feature sind die Übergänge fließend, daher ist hier ein klares Unterscheiden besonders schwierig. Während die Reportage eher eine Momentaufnahme bietet, hängt das Feature Allgemeingültiges an einem Beispiel auf (vgl. Schlüter 2004: 152). Oder wie es Schlüter treffend formuliert: „Die Reportage lädt zum Miterleben ein, das Feature zum Mitdenken" (2004: 152). Klemm sagt, die besonderen Merkmale eines Features seien Anschaulichkeit, Bildhaftigkeit, Originalität des Zugangs, Facettenreichtum und Informationsgehalt sowie die Bearbeitung des Themas aus verschiedenen Perspektiven (vgl. Klemm o.J.: 2).

Will man jetzt das Feature in Bezug auf die verschiedenen Medien definieren, so kann man sagen, dass das Radio-Feature mit Hilfe von Ton-Einspielungen, Zitaten und allen im Radio umsetzbaren Möglichkeiten, eine anschauliche Story kreiert, bei der der Erzähler eine tragende Rolle spielt. Auch in der Presse lebt das Feature von einer sehr lebendigen Sprache, allerdings ist dies in der Zeitung noch wichtiger, da hier Töne wegfallen, sodass es nur sprachliche Mittel gibt, die Literarität schaffen und die Situation bildhaft werden lassen. Hier ist also der Autor noch viel wichtiger. Beim Fernsehen muss man den Spannungsbogen durch optische Mittel aufbauen (vgl. Straßner 2000: 58) und dementsprechend viel Wert auf das Bild legen. Das ist hier das wichtigste am Feature, damit die erzählte Geschichte mit passenden Bildern unterstützt wird. Die Sprache wird hier verstärkt für Fakten gebraucht. Die reine Information, die man transportieren will, hat somit von den drei genannten Medien hier die geringste Bedeutung.

3.   Die Geschichte des Features

Die Anfänge der journalistischen Darstellungsform Feature liegen in den USA. Zu Beginn des 20.Jahrhunderts entwickelten dort die großen Tageszeitungen der Ostküste ein Format des sogenannten ‚story telling' (vgl. Weischenberg/Kleinsteuber 2003: 408). Als Feature bezeichnete man eine „unterhaltsam geschriebene, mit ‚human interest' ausgestattete ‚news story'" (Weischenberg/Kleinsteuber 2003: 408). Im Vergleich zum spröden Informieren sollte diese neue Form das veraltete Zeitungsbild auflockern und für neue Leserinnen und Leser sorgen (vgl. ebd.: 409). Es entstand eine Zweiteilung zwischen klassischen ‚news storys' und den neuen ‚feature storys' (vgl. ebd.: 409). In dieser Darstellungsform geht es eben darum, nachrichtliche Informationen in einer erzähllogischen Reihenfolge aufzubereiten (vgl. ebd.: 408). Ein Feature ist daher wie eine Reportage aufgebaut und im Vergleich zu Bericht oder Nachricht nicht von hinten kürzbar. Das erwies sich als Erfolgsrezept der neuen Gattung, denn aufgrund des Spannungsbogens wird das Interesse und die Aufmerksamkeit der LeserInnen bis zum letzten Absatz aufrecht erhalten (vgl. ebd.: 409). Im Hörfunk wurde der Begriff Feature zum ersten Mal 1939 verwendet, als der englische Rundfunk BBC kulturfilmartige Sendungen so bezeichnete (vgl. Ziesel 1990: 186).

Nachdem das Feature im anglo-amerikanischen Sprachraum schon lange bekannt war, etablierte sich der Begriff erst nach 1945 im deutschsprachigen Raum (vgl. Weischenberg/Kleinsteuber 2003: 408). In den Anfängen stand er nur für „gebaute, mit O-Tönen angereicherte Beiträge" (Weischenberg/Kleinsteuber 2003: 408) im Radio-Journalismus, seit den 60er Jahren verwendet man ihn auch im Printjournalismus. Zuerst entdeckten Nachrichtenmagazine wie *Der Spiegel* diese neue Darstellungsform für sich. Am Beliebtesten ist heutzutage das ‚Anfeaturen' von Berichten mithilfe eines erzählend formulierten Einstiegs (vgl. ebd.: 409).

4. Das Radio-Feature

Das Feature hat, wie im Teil über die Geschichte des Features schon beschrieben seine Anfänge im Hörfunk. Demnach ist es auch durch die akustischen Bestandteile definiert, die in der Zeitung durch lebhafte Sprache und im Fernsehen durch eindrucksvolle Bilder kompensiert werden. Solche akustischen Bestandteile sind Texte, Geräusche, Originaltöne und Musiken, die der Aktivierung und Animierung des Hörers dienen (vgl. Straßner 2000: 51). Es werden also alle technischen und künstlerischen Möglichkeiten des Radios ausgeschöpft, um eine Situation oder eine Geschichte zu schildern (vgl. Straßner 2000: 55). Allerdings geht es nicht immer um die Sprache oder um einen Erzähler, wie man im Folgenden noch sehen wird. Das Feature, diese bunte Darstellungsform, die sich von allen anderen Formen durch den künstlerischen Ausdruck hervorhebt, ist im Radio noch weiter spezifiziert und es bieten sich mehr Möglichkeiten, als das was wir heute bei den ARD-Anstalten hören. So schreiben Udo Zindel und Wolfgang Rein auch:

> „Das Feature kennt keine eindeutig vorgegebene Form: Jeder Stoff sucht sich seine Gestalt im übertragenen Sinne selbst, jede Sendung wird »neu geschaffen«. Es gibt keine allgemeingültigen Schablonen, keine beständige Ideologie, keine unsterbliche Schule. Die formale Vielfalt lässt sich deshalb nicht genau eingrenzen. Man kann sie nur andeuten, anhand von sechs Beispielen:" (1997: 42)

Natürlich muss man diese über 15 Jahre alte Aussage inzwischen relativieren, denn die Form des Features hat sich seitdem sehr zusammengezogen und eine etwas einheitlichere Form hat sich etabliert, nämlich die Mischform. Das wird im Weiteren auch noch an Beispielen verdeutlicht. Auch zeigt dieses Zitat, dass die Subjektivität des Autors, wie er ein Thema angeht und aufbereitet, eine große Rolle spielt.

Zindel und Rein führen als erste Form die O-Ton-Montage an, die größtenteils auf Kommentare, Erklärungen und Erzählungen verzichtet (vgl. 1997: 43). Stattdessen baut diese Form des Features auf die „direkte, anrührende Wirkung von Originaltönen (Sprache), die oft mit Originalgeräuschen und Musik dramaturgisch geschickt montiert und gemischt werden, zum Teil mehrspurig übereinander" (Zindel/Rein 1997: 43) und rückt somit die Originaltöne, Zitate und Erzählungen der Befragten in den Mittelpunkt. In Extremfällen gibt es dann auch keine Ansage des Sprechers – man weiß nicht wer spricht und welche Funktion oder Bedeutung diese Person hat (vgl. Zindel/Rein 1997: 43). Manchmal werden literarische Texte oder andere Schriftstücke und Dokumente eingebunden, um mehr „Tiefenschärfe" (Zindel/Rein 1997: 43) zu erreichen. Das heißt, dass die dargebotene Information weiter konkretisiert und in einen Kontext gebracht wird um ein besseres Verständnis zu gewährleisten. Diese Art des Features findet oder eher fand vor allem Verwendung bei „psychologische[n] und gut dokumentierte[n] historischen Themen" (vgl. ebd.: 43) sowie bei persönlichen Geschichten und Erlebnissen.

Bei der Text-Montage gibt es im Regelfall keine O-Töne, jedenfalls keine im herkömmlichen Sinne vom Autor oder von der Autorin aufgenommene Interviews oder Gespräche. Hier wird indirekt erzählt, indem man fertige Texte, wie „Briefe, Tagebuchauszüge oder historische Dokumente, aber auch Lyrik oder Prosatexte" (Zindel/Rein 1997: 47) wiedergibt und diese mit Musik verbindet, sodass eine Beziehung und Verbindung zwischen den dargebotenen Texten und der Musik komponiert und erreicht wird (vgl. ebd.: 47). Auch hier sollte ein gutes Werk ohne Kommentare, Erklärungen oder Erzählungen auskommen, die Dokumente werden in den Fokus gerückt (vgl. Zindel/Rein 1997: 47). Sieht man sich die Hörbeispiele im Buch an, so erkennt man, dass die Text-Montage vor allem für historische Themen verwendet wird, also für alles, was gut dokumentiert ist und über das es viel Schrift-Material gibt.

Besonders schwierig zu erarbeiten und auch selten benutzt ist die Collage. Hier wird meistens ganz auf Text von AutorInnen verzichtet. Dafür ergeben eine Vielzahl an akustischen Elementen und Mitteln wie „Geräusche, Originaltöne, Musik" (Zindel/Rein 1997: 49) eine Komposition. Ist die Situation selbsterklärend, so werden die

Zusammenhänge des aufgenommenen Materials schnell deutlich. Ein Beispiel hierfür ist Peter Leonhard Brauns berühmtes ‚8 Uhr 15, OP III, Hüftplastik. Aus dem Alltag eines Operationsteams' (Zindel/Rein 1997: 50) bei dem es keinen Sprecher gibt und nur die Originalgeräusche und O-Töne verwendet werden. Ist die Situation allerdings nicht verständlich, so ist dies gewollt und mit Absicht unerklärlich geblieben und die Collage hat die große Tendenz zu einer reinen Kunstform (vgl. Zindel/Rein 1997: 49f). Wer eine Collage machen will, der sollte sich besondere Situationen und Handlungen aussuchen, denn Alltagssituationen bleiben unverständlich.

Die Form, die wohl heutzutage am meisten verwendet wird beschreiben Zindel und Rein als „die große Mischform" (1997: 51). Hier wird alles benutzt, was möglich ist, sowohl Erzählung, als auch akustische Gestaltung. „Autorentexte, Originaltöne, Geräuschaufnahmen, Musikstücke, echte und fiktive Dialoge, literarische Zitate und historische Quellen aller Art" (Zindel/Rein 1997: 51) bilden einen durchgehenden Erzählstrom. Oft spielen auch musikalische Gesetzmäßigkeiten eine Rolle (vgl. Zindel/Rein 1997: 51). Hier ist eigentlich jedes Thema möglich, solang man nicht die Intention hat, eine reine Kunstform zu schaffen. Die wohl am meisten benutzten Mittel sind die ersten vier des oben genannten Zitates weil sie eine informative und lebendige Erzählung schaffen. Aber auch Gedichte oder andere historische Texte findet man häufig in den heutigen Features vor.

Der konkrete Gegensatz zur Collage ist die reine Erzählform, bei der auf O-Töne völlig verzichtet wird. Da Aussagen sinngemäß vom Erzähler wiedergegeben werden und Geräusche und Musik nur eine kleine bis keine Rolle spielen, wirkt die Erzählform sehr episch ist (vgl. Zindel/Rein 1997: 55). Das Wichtigste bei der Arbeit an solch einem Feature ist die genaue und präzise Beobachtung der AutorInnen, sowie ein lebendiger und anschaulicher Text (vgl. Zindel/Rein 1997: 55). Diese Form findet sich vor allem in Reiseberichten oder besonderen Einzelschicksalen wieder.

Als letzte der sechs Formen des Radio-Features wird das Klangbild genannt. Im Kontrast zur Erzählform wird hier komplett auf Text – auch auf O-Töne - verzichtet (vgl. Zindel/Rein 1997: 59). Aus aufgenommenen Geräuschen und gegebenenfalls Musik, so sie denn an dem Ort der Aufnahme gespielt wurde, wird ein „durchgehender Teppich" (Zindel/Rein 1997: 59), eine Melodie gewoben. Es ist kritisch zu betrachten, ob das Klangbild wirklich eine Form des Features ist, da hier nicht wirklich journalistische Inhalte und Informationen vermittelt werden, sondern eher

Stimmungsbilder und fremde Geräuschwelten (vgl. Zindel/Rein 1997: 59). Daher wird damit sehr häufig eine Stadt oder ein Land beschrieben und das Treiben dort vermittelt.

Sichtet man die Literatur über das Radio-Feature, findet man nahezu überall den Begriff des ‚Akustischen Films', so auch in Ekkehard Kühns Beitrag ‚Feature' in Walther von La Roches und Axel Buchholz' Radio-Journalismus (vgl. 2009: 250). Kühn erklärt es so: „Durch die Mischung und die Zuordnung von Atmosphäre, Gespräch und Berichterstattung, erlebt der Feature-Hörer Informationen als eine Art akustischen Film, er *sieht* gewissermaßen *mit den Ohren*, wird durch sie ‚ins Bild' gesetzt" (2009: 250). Ziel des Radio-Features ist also ganz klar, dass die HörerInnen sich die Geschichte, die Situationen und Informationen bildlich vor ihrem inneren Auge vorstellen können. Das bedeutet gleichzeitig, dass ein Feature die Vorstellungskraft anregen und unterstützen muss, möglichst mit stimmungsvollen und intensiven Eindrücken. Bei einem guten Feature können sich die RezipientInnen in die Geschichte hineinversetzen und sie so erleben, als wären sie am Geschehen beteiligt. Dieses Ziel sagt uns auch, dass alle Geräusche – im Gegensatz zum Fernsehen, wo Geräusche in Beiträgen auch mal zufällig sein können – geplant und Teil der Information sind (vgl. Kühn 2009: 250). Die Mischung der akustischen Mittel, die das Feature lebendig machen, bestimmt demnach auch die „vom Autor organisierte ästhetische Wahrnehmung" (Kühn 2009: 250), also die Art und Weise wie RezipientInnen das Feature aufnehmen und sich das Geschehen vorstellen.

„Features, die ihre Hörer fesseln und überzeugen, haben lebendige, sinnlich reizvolle Themen, für die AutorInnen sich über das alltägliche Maß hinaus begeistern" (Zindel/Rein 1997: 63). Das heißt es sind Themen, die man dem Ohr verständlich und spannend aufbereiten kann, Themen die wichtig und aktuell sind. Themen, die man mit allen Mitteln der gesprochenen Sprache lebendig machen kann. Ein Thema kann nach Zindel und Rein nur gut umgesetzt werden, wenn die AutorInnen passioniert im Hinblick auf das Thema oder die Idee sind (vgl. 1997: 64). Doch die Auswahl hat natürlich auch ihre Grenzen – in erster Linie wenn es um die Finanzierung geht (vgl. Zindel/Rein 1997: 64). Ein Feature, für dessen Produktion, Aufnahme und Recherche man verreisen muss, oder eine längere Zeit an einem Ort im Ausland bleiben muss, ist unglaublich teuer. Die Rundfunkinstitutionen möchten selbstverständlich nicht dafür aufkommen (vgl. Zindel/Rein 1997: 64). Aus dieser Prämisse ergeben sich dann zwei Wege. Entweder nimmt man Stoff, der einfach zu recherchieren und lokal gesehen sehr nah ist oder man versucht die „Ausgaben hereinzuholen und den enormen

Arbeitsaufwand für ein Feature zu rechtfertigen" (Zindel/Rein 1997: 64) indem man einen „möglichst großen Markt" (Zindel/Rein 1997: 65) bedient. Daraus ergibt sich konkret für die Themenwahl, dass es nicht so aktuell sein darf, sodass es auch über eine längere Zeitspanne flexibel abgespielt werden kann (vgl. Zindel/Rein 1997: 65). Außerdem darf es keinen großen regionalen Bezug haben, damit es auch national oder gar international verwendet werden kann (vgl. Zindel/Rein 1997: 65). Des Weiteren folgt aus obigen Überlegungen, dass gute und besondere Features sich dadurch auszeichnen, wie viel Engagement und Geld benutzt wird. Aber auch Themen, die allseits verfügbar und zugänglich sind können spannend gemacht werden, solange sie allgemeines Interesse hervorrufen. Neben der Geldproblematik gibt es noch einzelne weitere Themen, die denkbar ungeeignet oder gar unmöglich sind. Zindel und Rein nennen da zum Beispiel die „geographisch komplizierten Feature-Themen" (1997: 65). Hier besteht das Problem, dass man keine komplexen Karten zeigen kann, die schwer zu um- und beschreiben sind. „Auch Sendungen über Malerei, Bildhauerei oder Kalligraphie [...] werden sehr genau auf die Möglichkeiten des Mediums achten müssen, wenn sie die Vorstellungskraft der Hörer nicht überfordern wollen" (Zindel/Rein 1997: 65). Die Schlüsselfrage, die sich JournalistInnen in Bezug auf das Thema stellen müssen lautet dann: „Was reizt daran akustisch?" (ebd.: 65)

Nun zur Sprache. Die gesprochene Sprache ist eine andere als die geschriebene in der Zeitung und der im Fernsehen. Auch oder gerade im Feature, das von einer lebendigen und blumigen Sprache lebt, muss dies berücksichtigt werden. Vor allem weil hier nicht noch einmal rezipiert werden kann, solang die Sendung nicht online steht. Zindel und Rein haben einen ganzen Katalog geschrieben, der mit der normalen Sprachverwendung im Journalismus übereinstimmt, ergo: Parataxe, einfache und einprägsame Sprache, Substitution von Substantiven mit Verben, keine verschachtelten Konstruktionen, nicht so viele Adjektive, keine Fremdworte und ein „schlüssiger, prägnanter und anschaulicher Stil erleichtern das Zuhören. Sprachliche Klischees und Floskeln sind im Feature – wie auch sonst – absolut fehl am Platze" (1997: 123). Die Gedanken auf den Punkt bringen und unnötige Wörter rausstreichen und vermeiden (vgl. Zindel/Rein 1997: 123).

Beispiele

Reiner Kahrs' ‚Der Herr der Schiffe – Vom Absturz eines Global Players' ist ein ARD-Radio-Feature, das 2013 produziert wurde und am 20.11.2013 erstmals auf SWR2 gespielt wurde. Es handelt von Niels Stolberg, dem ehemaligen Weltmarktführer in Sachen Schwertransport. Er war Vorstand und Mitbegründer der Beluga Shipping GmbH. Der Bremer Reeder hat über hundert Schiffe besessen und ist, nachdem die Firma Oaktree aufgrund finanzieller Not sein Unternehmen aufkaufen wollte und nachdem er von der Staatsanwaltschaft wegen Betrugs angeklagt wurde, tief gefallen (vgl. Manuskript). Das Manuskript ist im Anhang zu finden. Der Erzähler steigt hier unter den Geräuschen von vorbeifahrenden Rennautos ein:

> „Einmal erzählte mir jemand, nach Monaco sei er immer geflogen, zum Autorennen. Im Privatjet, wirklich, ist ehrlich wahr. Seine Entourage war dabei und wichtige Geschäftspartner auch, alle eingeladen von ihm, Niels Stolberg, dem großen Reeder. Über 70 Schiffe hatte er damals bevor sie ihn stürzten, über Nacht." (ard.de 2014: o.S.)

Dann sagt der Ansager das Radio-Feature an, nennt nur Titel und den Autor (vgl. ard.de 2014: o.S.). Dann wieder der Erzähler:

> „Das Hotel sei direkt an der Piste gewesen. Guter Blick vom Balkon, und wenn unten die Rennpiloten vorbeirasten, prosteten oben seine Gäste ihm zu, ihm, dem preisgekrönten Unternehmer, ihm, dem „Mutmacher der Nation", ihm, der die ganze Chose hier bezahlt hatte. Ein „sechsstelliger Spaß", und alle waren aufgekratzt vom Luxus und vom infernalischen Getöse der Rennmaschinen. War es so?" (ard.de 2014: o.S.)

Das Feature hat einen sehr guten Einstieg, die Dekadenz, die Welten von Geld um die es geht, werden hier anschaulich dargestellt. Der Einstieg wird auch wiederholt, wenn es um die zweite Version geht. Das Feature ist nämlich in zwei Blickwinkel unterteilt (quasi die Umsetzung der Anforderung an ein Feature, Sachen aus mehreren Blickwinkeln zu zeigen). Am Ende des Features, als es um Stolbergs persönliche Geschichte zu diesen Monaco-Ausflügen geht, bezieht sich der Autor wieder auf den Einstieg (vgl. ard.de 2014: o.S.). Die Sprache ist anreizend und literarisch. Das Feature beinhaltet Geräusche, Spannungsmusiken, eine Vielzahl von O-Tönen und zitierte

Dokumente. Es ist somit eine Mischform, wenn wir es in die obigen Kategorien einordnen wollen. Fakt ist aber, dass fast nur noch diese Form des Features gemacht wird, eine Mischung aus allen Merkmalen. Hier wird global Wichtiges und Regionales miteinander verbunden, um ein extrem schwieriges und trockenes Thema sehr spannend und anregend aufzubereiten. Das Feature kann auf *www.ard.de* nachgehört werden. Features sind schwierig zu gestalten. Das wohl Einfachste daran ist wohl, zu erkennen ob ein Thema den Aufwand wert ist oder nicht. Das Feature „Wie es dampft und braust und sprühet..." von Kerstin Hensel zeigt, dass man einen groben Fehlgriff begehen kann. Hier wird über die Geschichte und Kultur des Badens erzählt. Der Einstieg erfolgt mit einem Gedicht von Goethe und dann wird allerlei Religiöses und Geschichtliches über Thermen, Badehäuser und mehr erzählt. Rein formlich ist das Feature in Ordnung, da es eine schöne Mischung aus Geräuschen, Erzählungen, O-Tönen und zitierten Dokumenten hat (vgl. swr.de 2014: o.S.). Allerdings muss man einfach sagen, dass das Thema völlig irrelevant ist und nicht den Anforderungen an ein Feature – nämlich nützliche Informationen für den Alltags-Dialog zu vermitteln – entspricht. Auch kann man hier nicht davon ausgehen, dass irgendeine zielgruppenspezifische Relevanz vorliegt, da es auf SWR2 gesendet wurde und nicht etwa auf einem Schwimm- oder badespezifischen Medium.

5.   Das TV-Feature

Auch im Fernsehen sind Features eine beliebte Darstellungsform, da dieses Medium geradezu prädestiniert für Features ist (vgl. Mast 2008: 291). Hier gibt es ebenso wieder die Überhangproblematik, denn Reportage und Feature lassen sich nur schwer voneinander abgrenzen. Oft ist die Reportage ‚angefeatured' oder das Feature nicht als solches ausgewiesen. Im österreichischen Fernsehen wird der Begriff Feature nur selten verwendet, da der ORF seine Inhalte dem Objektivitätsgebot unterordnen muss und diese Darstellungsform sehr subjektiv ist (vgl. Ziesel 1990: 187).

Zunächst einmal zum Aufbau des TV-Features. Es ist eine umfangreichere Sendeform als beispielsweise einfache Berichte und sollte nur von erfahrenen Journalisten produziert werden. Die Zeitspanne hier ist groß: die Untergrenze liegt bei 8-10 Minuten, das Feature kann aber auch 30-45 Minuten dauern (vgl. Ziesel 1990: 187). Das TV-Feature braucht keinen aktuellen Anlass, das heißt es können Themen aus allen möglichen Bereichen gewählt werden. Es kann sämtliche Darstellungselemente wie beispielsweise Interviews, Statements, Moderationen oder Graphiken beinhalten (vgl. Ziesel 1990: 189). Wichtig für die Produktion eines TV-Features ist ein gutes Drehbuch (vgl. Ziesel 1990: 188). Hier fließen die Informationen aus umfangreichen Vorarbeiten und einzelnen Recherchen zusammen und sollen greifbar gemacht werden. Es dient vor allem dazu, dass die einzelnen Texte und Geräusche mit der Bildsprache abgestimmt werden können (vgl. Ziesel 1990: 188). Die Bildsprache ist ganz wesentlich im Fernseh-Feature. Sie sollte klar Vorrang vor dem gesprochenen Wort haben. Daher muss der Autor darauf achten, zuerst „die optische Ausdrucksform für seine Gedanken und dann die verbale Ergänzung oder Erläuterung" (Ziesel 1990: 189) zu suchen. In einigen seltenen Fällen ist das Feature sogar komplett textfrei. Ein weiterer wichtiger Faktor ist der Spannungsbogen. Wie bereits in der Definition beschrieben, ist ein Feature nicht von hinten kürzbar, das heißt der Autor bezieht sich am Ende wieder auf den Einstieg. Den Spannungsbogen vergleicht man oft mit dem Atem eines Menschen (vgl. Ziesel 1990: 188). Zunächst steigt die Spannung an (Einatmen), dann erreicht sie den Höhepunkt (Luft anhalten) bevor sie wieder abfällt (Ausatmen) (vgl. Ziesel 1990: 188). Der rhythmische Wechsel – abwechselnde Spannungs- und Entspannungsphasen – ist ganz essentiell für das TV-Feature. Bei langen Features, die 30 Minuten oder länger dauern, gibt es einen großen Spannungsbogen, der wiederum in kleinere Phasen der Spannung und Entspannung unterteilt ist (vgl. Ziesel 1990: 188). Das ist ganz wichtig, um die Aufmerksamkeit und das Interesse des Publikums aufrecht zu erhalten. Der Zuseher soll nach anstrengenden Feature-Passagen die Möglichkeit haben, Gesehenes aufzunehmen und zu reflektieren (vgl. Ziesel 1990: 188).

Da im Feature oft anspruchsvolle und abstrakte Themen behandelt werden, lassen sich diese manchmal nicht klar in Bildern ausdrücken (vgl. Ziesel 1990: 190). Der Autor muss dann versuchen, Bilder mit Symbolcharakter zu finden, die zusätzlich zu ihrer realen Bedeutung auch noch eine andere Aussagekraft besitzen (vgl. Ziesel 1990:190). Diese Bild-Metaphern helfen dabei, Stimmungen und Zustände zu beschreiben (vgl. Mast 2008: 291). Beispiele hierfür wären Wolkenstimmungen oder Landschaftsaufnahmen in einer weiten Ebene, mit denen Glück oder Trauer ausgedrückt werden könnten. Günther Ziesel beschreibt den Einsatz von Bild-Metaphern wie folgt: „Es muss durch die Abstimmung von Bild-Metapher, Textzusammenhang und Musik oder Effektton gelingen, die reale Aussage des gezeigten Bildes so weit zurückzudrängen, dass die Symbolkraft unmissverständlich zum Ausdruck kommt."

Ein TV-Feature kann zudem auch eine Semi-Dokumentation sein. Hier werden Dokumentationsaufnahmen mit gestellten Szenen, also von Schauspielern dargestellten Szenen, vermischt (vgl. Ziesel 1990: 191). Diese Form ist jedoch eher selten aufzufinden, da der Autor zusätzlich als Schauspiel-Regisseur fungieren müsste (vgl. ebd.).

Alles in allem sind TV-Features sehr verlockend für RedakteurInnen und AutorInnen, da sie in dieser Darstellungsform ihrer Kreativität freien Lauf lassen können. Dennoch geht die Zahl der Features im Fernsehen zurück, da die Produktion mit einem hohen Zeit- und Kostenaufwand verbunden ist. Zudem muss der Autor über viel Erfahrung verfügen, um ein gutes Feature machen zu können.

Beispiel

In den Tagesthemen der ARD sind täglich Features, oder zumindest Reportagen, die ‚angefeatured' sind, zu sehen. Als Beispiel haben wir einen Beitrag über den Schweizer Nobel-Skiort St. Moritz gewählt, der am 12.Dezember des vergangenen Jahres ausgestrahlt worden ist. Hier geht es darum, dass der Ort chinesische SkilehrerInnen ausbildet, um noch mehr chinesische Touristen in die Alpen zu locken. Seit geraumer Zeit nämlich ist der Schweizer Wintersportort zu einem beliebten Urlaubsdomizil der Asiaten geworden. Der Autor beginnt so:

> „Wer da die Piste hinuntergedüst kommt, gehört zum neuesten Coup der Schweizer Tourismusbranche: Song Shuyao, 26, Sportstudentin aus dem Nordosten Chinas, Landesmeisterin in Skiakrobatik. Wenn sie sich im Engadin gut anstellt, gehört sie bald zum Kreis der Schweizer Skilehrer – den ‚Concierge im Schnee', wie sie sich selbst nennen" (vgl. ard.de 2013: o.S.).

Der Autor Juri Sonnenholzner wählt bewusst diesen personenbezogenen Einstieg, um das Interesse des Zusehers zu wecken. Er gliedert den Beitrag aus einem Mix aus kurzen Moderationen, Stimmen der Protagonistin selbst sowie einem Experteninterview, in diesem Fall mit einer Mitarbeiterin der schweizerischen Tourismusagentur. Auch deutlich zu sehen, ist die Dominanz der Bildsprache. Der Fokus soll klar auf den Bildern und Aufnahmen liegen, hinterlegt ist das ganze dann mit der sprachlichen Komponente.

6.   Das Zeitungs-Feature

Den Zeitungs-JournalistInnen steht im Vergleich zu Radio- oder TV-JournalistInnen kein derart großes Instrumentarium zur Verfügung (vgl. Schwelz 1990: 167). Sie müssen eine Formel finden, um bei den LeserInnen einen dramatischen Eindruck zu erzeugen und deren Interesse zu wecken. Wie bereits in der Arbeit öfter erwähnt ist vor allem im Printsektor das sogenannte ‚Verfeaturen' (Bestehenden Text als Feature gestalten) und ‚Anfeaturen' (Bericht über ein aktuelles Ereignis mit Elementen des Features auflockern) gang und gäbe (vgl. Mast 2008: 290). Daher lässt sich zwischen Reportage und Feature erneut keine klare Grenze ziehen.

Doch wie schreibt man nun ein gutes Feature? Nun, zunächst einmal ist der Einstieg sehr wichtig. Hier wird ganz klassisch über eine Person, eine Szene oder eine Erkenntnis berichtet (vgl. Zons 2008: 292). Das Wichtigste ist es, die LeserInnen neugierig zu machen und zu motivieren, den Text zu lesen. Achim Zons, Redakteur der Süddeutschen Zeitung, beschreibt es als „einen Sog, der den Leser in die Geschichte hereinzieht" (2008: 292). Zudem kommen die sogenannten ‚roten Fäden' bereits im Einstieg vor, um die LeserInnen durch die Geschichte zu führen (vgl. Zons 2008: 293). Das Ziel für die AutorInnen muss sein, den Leser an die Hand zu nehmen und ihn für das Thema zu begeistern. Und sie müssen beschreiben, was der Einzelne aus dem Feature lernen kann (vgl. Zons 2008: 293). Man sollte also ständig zwischen Schilderung und Schlussfolgerung wechseln (vgl. Schwelz 1990: 169).

Nun zum zentralen Punkt des geschriebenen Features – praktisch der Punkt, an dem sich die guten von den schlechten Features unterscheiden lassen. Der Autor oder die Autorin darf nicht nur das Recherchematerial ausbreiten und deskriptiv vorgehen, sondern muss vielmehr analysieren und Folgerungen aus den Aussagen ziehen. Das Ziel muss sein, dem Leser oder der Leserin einen Erkenntnisgewinn zu verschaffen (vgl. Zons 2008: 293). Ummanteln sollten AutorInnen diese Beobachtungen und Aussagen mit einem passenden dramaturgischen Rahmen (vgl. Zons 2008: 293). Weitere wichtige Details für gute Features sind der Perspektivenwechsel, der Wechsel der Aktualität (Wechsel zwischen Vorgeschichte und Status Quo), der Wechsel der Tempi sowie der Wechsel zwischen Naheinstellung und Gesamtzusammenhang (vgl. Zons 2008: 295).

Oft unterscheidet man zwischen zwei typischen Themenfeldern, die sich besonders gut für Features eignen: Die Wie-Themen (z.B. ‚Wie Reiseveranstalter für Mängel haften') und die Trend-Themen (z.B. ‚Immer mehr Politiker erleiden einen Hörsturz') (vgl. Wolff 2006: 199f. zit. nach Mast 2008: 289).

Das Feature bietet AutorInnen also vielfältige Möglichkeiten, den Text kreativ und mit Stilmitteln zu gestalten (vgl. Mast 2008: 290). Sie sollten den besonderen Ausdruck anstatt des allgemein gebräuchlichen wählen (vgl. Schwelz 1990: 170). Es gibt jedoch auch einige Fehlerquellen, die die Qualität des Features beeinflussen. Eine zentrale Rolle spielen die Übergänge zwischen den einzelnen Stilformen. Wenn die AutorInnen beispielsweise Reportageelemente ohne logische und weiche Übergänge in einen Text mischen, wirkt das aufgesetzt und plump. In Printmedien sind hierfür Zwischentitel oder Initialen am Beginn eines neuen Abschnitts eine gute Lösung, da sie den LeserInnen einen Übergang anzeigen und den AutorInnen die Mühe eines fließenden Übergangs ersparen (vgl. Lackner 1996: o.S., zit. nach Mast 2008: 291). Features müssen eine klare Aussage haben. Wenn die SchreiberInnen selbst nicht wissen, wie sie vorzugehen haben und einfach nur einzelne Textelemente aneinanderreihen, merken das die LeserInnen – und das Feature nicht verstehen (vgl. Lackner 1996: o.S., zit. nach Mast 2008: 291). Ein weiteres Problem ist eine schlechte Mischung, also ein schlechter Aufbau des Features. Damit ist gemeint, dass die AutorInnen die LeserInnen etwa gleich zu Beginn mit Fakten erschlagen oder nur zu Beginn des Textes farbige Reportageelemente verwenden (vgl. Lackner 1996: o.S., zit. nach Mast 2008: 291). Das letzte Grundproblem liegt laut Heribert Lackner in einer schlechten Recherche. Oft wollen die AutorInnen im Feature ihre gesamte Wortgewandtheit zum Ausdruck bringen und ersetzen eine gründliche Recherche durch dieses ‚Feuilletonisteln'. Das große Problem dabei ist, dass die RezipientInnen nach dem Lesen genauso schlau sind wie zuvor. Denn natürlich gilt auch für das Feature: Es muss ein Informationsgehalt gegeben sein (vgl. Lackner 1996: o.S., zit. nach Mast 2008: 291). Zusammenfassend lässt sich sagen, dass die Feature-SchreiberInnen zwei zentrale Aufgaben haben: aufregend erzählen und gleichzeitig dabei aufklären (vgl. Schwelz 1990: 173).

Im Printmedienbereich gibt es, wie bereits erwähnt, viele Artikel die ‚angefeatured' sind.

Beispiel

Als Beispiel haben wir hier ein Feature gewählt, das zwar eher ein Nischenthema behandelt, jedoch typische und klare Eigenschaften dieser Darstellungsform aufweist. ‚Gamer liefern sich rekordverdächtige Onlineschlacht' ist ein Feature auf *Zeit Online* aus dem Jahr 2014. Es handelt von dem Online-Computerspiel ‚Eve Online', einem Sciencefiction-Weltraumspiel. Autor Benedikt Plass-Flessenkämper steigt folgendermaßen ein:

> „Lautlos gleitet der Frachter aus Pixeln und Polygonen durch New Eden. Am Steuer sitzt ein Händler vom Volk der Amarr. Im echten Leben ist er ein einfacher Angestellter, wie Tausende andere im Onlinerollenspiel *Eve Online* Aus der Schwärze taucht eine gigantische Raumstation auf: Jita." (Plass-Flessenkämper 2014: o.S.)

Zunächst einmal wählt der Autor einen spannenden Einstieg. Er versucht dadurch, die LeserInnen neugierig zu machen. Der gesamte Artikel ist literarisch angehaucht und weist einzelne Spannungsbögen auf. Plass-Flessenkämper liefert zudem noch bedeutende Statistiken und Fakten zum Spiel. Dieser Wechsel zwischen Fakten und Szenen sorgt für Lebendigkeit. Der Artikel ist insgesamt sehr lang und umfangreich, was die These belegt, dass der Großteil der Features heutzutage online zu finden ist.

7. Fazit

Zusammenfassend kann man sagen, dass das Feature eine besondere, wenn auch selten gewordene, journalistische Darstellungsform ist. Sie soll mit anregender und lebhafter Sprache LeserInnen Informationen interessant präsentieren und diese leichter zugänglich machen. Schwierige und komplexe Themen, die einerseits eine lange Erklärungsphase brauchen und andererseits auch sehr langwierig werden, eignen sich besonders gut, denn so kann man ein Thema aufbereiten und erfolgreich zu den RezipientInnen tragen. Das Feature ist demnach dem Infotainment zugeordnet. Das Feature bedient sich an Elementen aus Reportage, Interview und Dokumentation, weshalb es auch oft schwierig ist, es in der Praxis von anderen Darstellungsformen zu unterscheiden. Deswegen wird das Feature auch oft gar nicht als eigene Darstellungsform angeführt.

Das Schreiben und Produzieren eines Features verlangt sehr viel Zeit und finanzielle Mittel, weshalb es seit den Anfängen im Radio in der Nachkriegszeit rarer wurde. Im Radio ist es keine Seltenheit, dass ein Feature eine Stunde lang ist. Das Schreiben des Manuskriptes ist demnach schon sehr langwierig, dazu kommt die Recherche und Interviews im Vorfeld und nicht zuletzt bei Radio auch die Komposition des Tones und beim TV zusätzlich des Bildes.

Während im Radio Features noch ähnlich sind wie in den Anfängen und auch oft feste Sendezeiten haben, wie zum Beispiel bei dritten Sendern der ARD, gibt es reine Features im Fernsehen nur selten, hier hat sich das Nachrichtenfeature herauskristallisiert, das aber meistens zwischen acht und zehn Minuten lang ist. Vereinzelt kommen noch extreme Ausgestaltungen des Features vor, wie zum Beispiel eine kommentarlose Bildergeschichte im TV.

Auch in der Zeitung ist das Feature zu finden. Die Idealform oder ein reines Feature wird in der Praxis kaum noch verwendet, aber oftmals werden Berichte ,angefeatured', um trockene Informationen locker zu machen und um zu variieren.

Ein weiterer Aspekt des Features ist, dass es nicht tagesaktuell sein muss. Es ist eine Darstellungsform, die Hintergrundinformationen liefert und eine Geschichte erzählt. Demnach kann ein Thema auch älter sein, solange es noch interessant ist. Generell können viele alltägliche Themen als Feature aufbereitet werden; das Wichtige daran ist, das man eine spannende Geschichte erzählt und das Besondere findet, ähnlich wie bei der Reportage.

Das Feature wird, so vermuten wir, zukünftig in TV und Radio rarer werden, da Zeit und Geld hier der wichtigste Faktor sind und die Medien sparen müssen. Das Feature in der Presse oder online sehen wir nicht als aussterbende Art an, da hier immer mehr zu Hintergrundinformationen tendiert wird und ein Feature im Gegensatz zu trockenen Berichten einen besonderen Leseanreiz hat. Wir sagen also eine ambivalente Entwicklung voraus – gute JournalistInnen werden sich aber für komplexe Themen immer mal wieder dieser Darstellungsform bedienen.

8. Quellenverzeichnis

Chronik der ARD (o.J.): Radiofeature von Axel Eggebrecht. Online unter:
http://web.ard.de/ard-chronik/index/7344?year=1947 (20.01.14).

Garrison, Bruce (1994): Professional feature writing. Hillsdale, New Jersey: Lawrence
Erlbaum Associates, Inc., Publishers.

Hensel, Kerstin (2013): Wie es dampft und braust und sprühet. Zur Kultur des Badens.
Online unter: http://www.swr.de/swr2/hoerspiel-feature/-
/id=661194/nid=661194/did=12419738/yurw8k/index.html (20.01.2014).

Kahrs, Reiner (2013): Der Herr der Schiffe. Vom Absturz eines Global Players. Online
unter: http://www.ard.de/home/radio/Herr_der_Schiffe/273536/index.html (20.01.2014).

Kühn, Ekkehard (2009): Feature. In Walther von La Roche/Axel Buchholz (Hrsg.)
(2009): Radio-Journalismus. Ein Handbuch für Ausbildung und Praxis im Hörfunk. 9.
Auflage. Berlin: Econ.

La Roche, Walther von (2004): Einführung in den praktischen Journalismus. 16.
Auflage. München: Ullstein Heyne List GmbH & Co.KG.

Leipziger Medienstiftung (2012): „Axel-Eggebrecht-Preis" 2012 an Friedrich Schütze-
Quest und „Axel-Eggebrecht-Ehrenpreis" an Peter Leonhard Braun verliehen. Online
unter: http://www.leipziger-medienstiftung.de/2012/01/28/axel-eggebrecht-preis-2012-
an-friedrich-schuetze-quest-und-axel-eggebrecht-ehrenpreis-an-peter-leonhard-braun-
verliehen (20.01.14).

Mast, Claudia (Hg.) (2008): ABC des Journalismus. Ein Handbuch. Konstanz: UVK
Verlagsgesellschaft mbH.

Meier, Christian/Weichert, Stephan (2012): Medien. Basiswissen für die Medienpraxis.
Journalismus Bibliothek, Bd. 8. Köln: Herbert von Halem Verlag.

Plass-Flessenkämper, Benedikt (2014): Gamer liefern sich rekordverdächtige
Weltraumschlacht. Online unter http://www.zeit.de/digital/games/2014-01/eve-online-
schlacht-um-b-r5rb (31.01.2014)

Pürer, Heinz (Hrsg.) (1990): Praktischer Journalismus in Zeitung, Radio und Fernsehen.
Salzburg: Kuratorium für Journalistenausbildung.

Ruß-Mohl, Stephan (2003): Journalismus. Das Hand-und Lehrbuch. Frankfurt: F.A.Z-
Institut für Management-, Markt-und Medieninformationen.

Schlüter, Hans-Joachim (2004): Zeitungs-Journalismus. Darstellungsformen. In: Pürer,
Heinz/Rahofer, Meinrad/Reitan, Claus (Hg.) (2004): Praktischer Journalismus. Presse,
Radio, Fernsehen, Online. Konstanz: UVK Verlagsgesellschaft mbH.

Schneider, Wolf/Raue, Paul-Josef (2006): Das neue Handbuch des Journalismus. 2., überarbeitete Auflage. Hamburg: Rowohlt Taschenbuch Verlag.

Schwelz, Ingomar (1990): Feature in der Zeitung. In: Pürer, Heinz (Hg.): Praktischer Journalismus in Zeitung, Radio und Fernsehen. Salzburg: Kuratorium für Journalistenausbildung, S. 165-177.

spiegel.de (o.J.): Fremdenführer im Pantheon. 4000 Briefe für Axel Eggebrecht. Online unter: http://www.spiegel.de/spiegel/print/d-44418836.html (30.01.14).

Spengler, Andreas (2013):Im Hörsaal ohne etwas zu hören. Online unter: http://www.zeit.de/studium/uni-leben/2013-04/hoergeschaedigt-studieren-hochschule-paedagogik?commentstart=9#comments (20.01.2014).

Straßner, Erich (2000): Journalistische Texte. Tübingen: Niemeyer Verlag.

Weischenberg, Siegfried/Kleinsteuber, Hans J./Pörksen, Bernhard (2005): Handbuch Journalismus und Medien. Konstanz: UVK Verlagsgesellschaft mbH.

Ziesel, Günther (1990): Feature im Fernsehen. In: Pürer, Heinz (Hg.): Praktischer Journalismus in Zeitung, Radio und Fernsehen. Salzburg: Kuratorium für Journalistenausbildung, S. 186-192.

Zindel, Udo/Rein, Wolfgang (Hrsg.) (1997): Das Radio-Feature. Ein Werkstattbuch. Konstanz: UVK Medien.

Zons, Achim (2008): Den Leser an die Hand nehmen. In: Mast, Claudia (Hg.): ABC des Journalismus. Ein Handbuch. Konstanz: UVK Verlagsgesellschaft mbH, S. 292-296.